AF260296

OBSÈQUES

DE

M. LE DOCTEUR HANNNEQUIN

REIMS

IMPRIMERIE A. LAGARDE, RUE NOTRE-DAME, 4.

1875

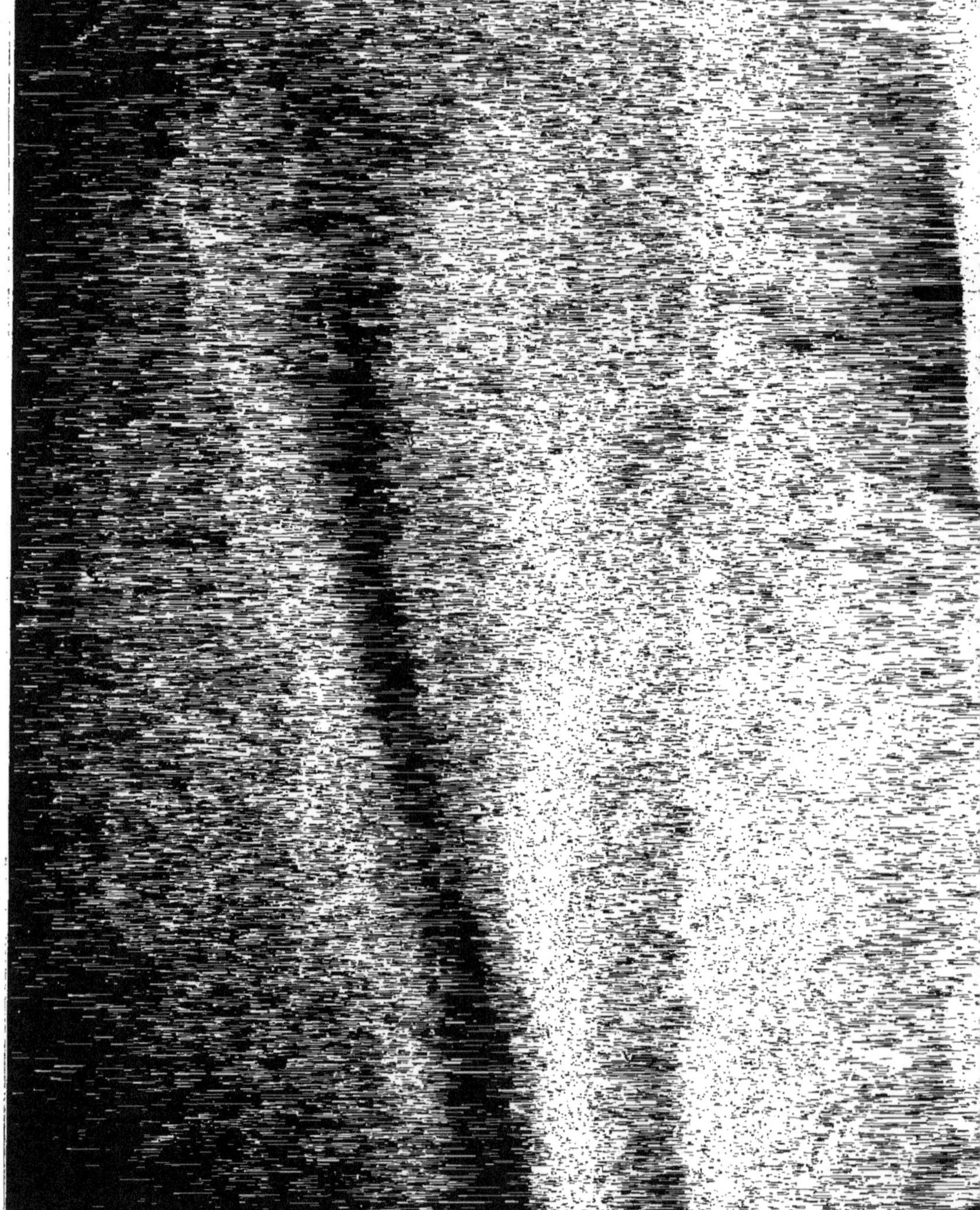

OBSÈQUES

DE

M. LE DOCTEUR HANNNEQUIN

REIMS

IMPRIMERIE A. LAGARDE, RUE NOTRE-DAME, 4.

—

1875

OBSÈQUES

DE

M. LE DOCTEUR HANNEQUIN

———⁂———

Les obsèques de M. le docteur Hannequin, qui a vécu et pratiqué si honorablement la médecine parmi nous pendant cinquante années, ont eu lieu le lundi 28 Juin dans son pays natal de Château-Porcien.

Il s'y était retiré depuis près de deux ans, à la suite d'une paralysie amenée tant par ses fatigues que par les malheurs successifs dont il avait été frappé dans ses plus chères affections, et y vivait entouré des soins pieux de ses deux sœurs. — Là il s'était affaissé de jour en jour au physique comme au moral. La paralysie avait entièrement envahi ce corps et cette âme jadis si actifs, jusqu'à un état complet d'anéantissement, dont la mort lui a amené la délivrance le vendredi 25 Juin, cinq jours seulement avant sa 80ᵉ année.

La nouvelle de son décès s'est répandue lentement à Reims, où quelques-uns même l'avaient cru mort depuis plusieurs mois, en raison des legs et donations testamentaires qu'il y avait fait exécuter de son vivant.

Le lundi 28 Juin, à dix heures du matin, l'église de Château-Porcien réunissait une assistance nombreuse composée d'une grande partie de la population de cette ville, de la municipalité, des membres de la Société de secours mutuels, du personnel de l'Hospice et de confrères venus de Reims, d'Ay, de Rethel et des environs de Château-Porcien.

Parmi les membres du clergé se trouvaient M. Hanesse, ancien vicaire général qui a officié et M. Perrin, supérieur du Petit Séminaire de Reims, amis du défunt. Les coins du drap étaient tenus par M. le maire de Château ; M. le docteur Doyen, adjoint à la municipalité de Reims; MM. Maldan, directeur de l'Ecole de médecine; Bienfait, membre du Conseil général, président de l'Association de secours mutuels des Médecins du département de la Marne, et par deux notabilités du pays.

Après les parents venaient M. Gillotin, ancien administrateur des hospices de Reims, MM. le docteur Strapart, professeur de pathologie interne à l'Ecole de Médecine, le docteur Adolphe Henrot, Granval père et Lecomte aîné, anciens pharmaciens en chef et membres du jury pharmaceutique, MM. les docteurs Ollivier et Lamiable, de Château-Porcien, Baudement, pharmacien, etc.

Au cimetière, au milieu d'une assistance nombreuse et recueillie, le discours suivant a été prononcé par M. Davaux, maire de Château-Porcien.

Messieurs,

Je croirais manquer à votre légitime attente ; je manquerais assurément au sentiment public de cette ville, si, à ce moment des derniers devoirs, que nous rendons à l'un de ses glorieux enfants, j'oubliais,—dans une circonstance aussi solennelle,—de payer à notre éminent compatriote le tribut d'hommage auquel sa mémoire a tant de titres.

M. Hannequin (Félix-André), qui naquit en cette ville le 15 messidor an III (2 juillet 1795) et qui, dans peu de jours, allait atteindre sa 80ᵉ année, nous appartient par sa naissance, par les liens étroits de l'affection la plus vive et la plus profonde qu'il portait à sa famille—et à son pays— affection que le temps n'a jamais altérée ; par un père et un oncle dont le souvenir vit toujours parmi nous, et qui, tous deux, doués d'une organisation vraiment privilégiée, ont été, — l'un dans la médecine, l'autre dans la religion,—pendant leur longue carrière, des modèles, par l'élévation du caractère et par la pratique scrupuleuse de tous les devoirs.

M. Hannequin, après avoir reçu de son père et de sa mère la première éducation, les notions du bien, du vrai et du beau, éducation qui joue un si grand rôle et qui a un si puissant empire dans le cours de l'existence, après avoir appris de son père les principes du français et du latin, fut à onze ans placé au Lycée de Reims, où il fit d'excellentes études. Il avait à peine terminé sa philosophie, lorsqu'il fut reçu bachelier ès lettres et bachelier ès sciences.

La belle considération qui entourait le père, l'estime dont il jouissait, sa grande et légitime réputation comme docteur-médecin ne pouvaient manquer d'exercer sur le fils une puissante influence, et cette circonstance, jointe à ses propres goûts pour la médecine, ont spontanément décidé notre jeune bachelier à embrasser cette noble profession.

M. Hannequin fit ses études médicales à la faculté de Paris; il les termina à vingt-cinq ans.

Pourvu du diplôme de docteur, le 13 août 1819, et après avoir passé quelque temps dans sa famille, fort de son amour du travail, de son savoir, d'une volonté énergique, d'une vocation ardente, il alla planter sa tente à Reims, au milieu d'une grande ville, où bientôt il conquit par ses lumières, sa valeur et ses premiers succès, une situation importante et élevée.

Il continua à grandir et il arriva progressivement au rang des premiers, des principaux médecins de sa ville adoptive, qui est ici si dignement représentée par plusieurs de ses hommes les plus considérables et les plus honorables, et où M. Hannequin a laissé des amitiés qui lui sont restées aussi fidèles qu'elles ont toujours été sincères.

Lors du choléra de 1832, dans l'intensité de l'épidémie, mettant de côté toute question d'intérêt personnel, il se rendit à Paris pour y étudier et suivre dans les hôpitaux les causes et la marche du fléau, ainsi que l'ensemble du traitement le plus préconisé par les princes de la science.

Rentré à Reims au moment où l'épidémie y devenait meurtrière, il se multiplia et déploya un zèle infatigable. Son dévouement et son courage lui ont valu alors une première récompense : la médaille du choléra.

Ses qualités t sa science comme médecin sont attestées par toute sa carrière, qui a été longue, remarquablement remplie, non sans un légitime éclat.

Il fut médecin des premières familles de Reims, de plusieurs des principaux établissements publics; du petit Séminaire, du Lycée, de l'Hôtel-Dieu et de la communauté de l'Hôpital-Général.

Il fut aussi membre du conseil d'hygiène et du jury médical, professeur à l'Ecole de médecine et directeur titulaire de cette importante Ecole.

Je me borne, Messieurs, sur cette intéressante partie de la vie de notre regretté compatriote, à de simples énonciations.

Vous allez entendre avec un vif intérêt l'éminent directeur actuel de cette même Ecole, dont le talent de bien dire et la parole autorisée mettront en relief les graves et nobles qualités de notre honorable et vénéré compatriote.

M. Hannequin n'a pas marqué à Reims seulement comme médecin : membre du conseil municipal pendant de longues années, adjoint au maire, maire par intérim, membre et secrétaire du service de l'instruction publique pour l'arrondissement de Reims, il s'est, dans ces différentes fonctions, distingué par un labeur infatigable, une capacité réelle et un civisme incontesté !

Dans les assemblées délibérantes, où il a toujours tenu une grande place, il a constamment fait preuve d'un jugement net, sain et droit ; il y fut toujours l'avocat écouté du progrès ; il avait mieux que des qualités brillantes qui, dans la discussion, souvent éblouissent plus qu'elles n'éclairent ; il possédait ce précieux don : le bon sens, et, de plus, l'intelligence et le savoir à un haut degré.

Son généreux dévouement à la chose publique, tant d'éminents services par lui rendus, appelaient sur M. Hannequin une récompense éclatante, lorsque, il y a près de trente ans, le gouvernement le décora de la croix de la Légion-d'Honneur, distinction glorieuse des mieux méritées.

L'activité dévorante déployée par M. Hannequin pendant cinquante ans ; l'âge et les chagrins domestiques qu'il éprouva dans ces dernières années où il fut frappé dans ses affections les plus chères et les plus vives, ont fatalement amené et aggravé la maladie à laquelle il vient de succomber.

Cette maladie qui prit un caractère sérieux, il y a deux ans, après la mort d'une épouse bien-aimée, d'une fille chérie, le décida à se retirer dans son pays natal pour y passer, dans le calme et le repos, le reste de ses jours auprès de deux sœurs qu'il aimait et dont il était le plus cordialement aimé.

A peine installé ici, heureux d'y voir une intéressante et nombreuse société de secours mutuels, il me dit : « Je comprends tous les avantages que comporte la mutualité, surtout pour les classes ouvrières et laborieuses, tous les bienfaits et les excellents fruits que son application peut produire au point de vue de tous les intérêts sociaux, moraux et matériels. Les sociétés de cette nature, qui ont pour base l'esprit d'union, de fraternité évangélique et de prévoyance ne sont pas suffisamment encouragées : veuillez, comme témoignage de foi et d'intérêt, m'admettre parmi vous et inscrire ma cotisation. »

M. Hannequin, dans l'expression de ses dernières volontés, n'a pas oublié les œuvres de bienfaisance ni pour les établissements charitables de Reims, ni pour ceux de sa ville natale.

On peut le dire, M. Hannequin a été, dans toute l'étendue et la force de l'expression, un homme de bien, un honorable citoyen ; il a, sous toutes les formes, payé son tribut à la chose publique et à la société humaine.

Il a, par les qualités du cœur, par la noblesse, la droiture, l'aménité de son caractère, par son esprit courtois et généreux, par sa valeur et par l'énorme somme de services rendus, conquis et conservé l'estime, l'affection et les respects de tout ceux qui l'ont connu.

Guidé, toujours, dans la marche de sa longue carrière par une foi chrétienne des plus vives, par une conscience scrupuleuse, il a supporté avec calme et résignation sa maladie, les douloureuses et cruelles épreuves de ses dernières années, et nous pouvons dire, avec la plus entière confiance, que M. Hannequin, en s'éloignant de nous, s'est rapproché de Dieu !

M. Maldan, directeur de l'Ecole de Médecine, au nom de ses collègues qui lui avaient remis la parole, a prononcé alors le discours suivant, dont nous traduisons le sens plutôt que l'expression.

Messieurs,

Nous aurions voulu, nous Rémois, qui représentons ici, soit de nos personnes, soit par délégation, les divers corps de notre cité, au nom de l'administration municipale dont M. Hannequin fut premier adjoint ; de l'Ecole de médecine dont il fut professeur et directeur titulaire, dont il était encore, il y a cinq jours, le directeur honoraire ; au nom du conseil d'hygiène dont il fut président , de l'association médicale dont il fut membre et président ; de l'Université , du Lycée, dont il a été professeur et médecin ; de l'instruction primaire dont il fut si longtemps secrétaire et délégué, nous aurions voulu, dis-je, témoigner autrement que par notre présence, de la part de regret que nous prenons à la perte de M. Félix-André Hannequin, qui fut pour nous, aux uns un maître, aux autres un collègue , à tous un ami.

Mais une recommandation expresse m'a été faite par lui de son vivant ; une volonté m'a été exprimée, volonté connue aussi de son gendre dévoué, de son exécuteur testamentaire, M. Charneau, qui partage ici avec nous la tristesse de ce deuil : c'est qu'aucune démonstration oratoire n'ait lieu, qu'aucun éloge *médical* officiel ne soit prononcé sur sa tombe.

C'est assurément là un acte de cette même modestie par laquelle renonçant aux honneurs qui eussent signalé la rentrée de son corps à Reims, en raison de tant de fonctions exercées, de tant de services rendus, il a préféré le convoi plus modeste, mais non moins affectueux, de son pays natal.

C'est ce même sentiment qui, au lieu du riche caveau de Reims, où ses restes se fussent rejoints aux restes d'êtres pourtant bien chéris, lui a fait choisir, dans le cimetière de l'église de son baptême, la simple fosse de terre où ses cendres se mêleront plus obscurément aux cendres de son père, de sa mère, de son oncle.

C'est sans doute encore par le même esprit de simplicité et d'humilité chrétiennes que cette croix d'honneur, récompense si bien méritée et qui eût dû reluire une dernière fois sur le drap de son cercueil, avec l'accompagnement militaire qui la suit, en est absente.

Elle en est absente aussi cette belle médaille d'argent qui eût pu aussi y figurer, et qui, en 1853, à sa sortie de notre Ecole, lui a été décernée par une souscription touchante et spontanée de nos étudiants, dont il se séparait avec un déchirement douloureux.

Nous obéirons donc à cette volonté suprême ; nous nous tairons, mais bien à regret, car quelle vie eût offert plus de modèles de l'accomplissement des fonctions professionnelles, du sentiment passionné du devoir, d'infatigable activité, d'ordre, de régularité, d'une ponctualité sans exemple, de bon commerce avec ses collègues, d'urbanité envers tous, de désintéressement médical, d'attachement à ses clients, de dévouement à ses malades de l'Hôtel-Dieu, et j'en atteste ici M. Gillotin, notre ancien administrateur des hospices, qui est venu, il y a quelques jours encore, recueillir le dernier soupir de l'ami intime dont, hélas ! il n'a même plus été reconnu, et enfin de la charité envers les indigents du bureau de bienfaisance ! Entre tous ses titres, c'étaient ces deux titres de médecin de l'Hôtel-Dieu, de médecin du Bureau de bienfaisance qu'il prisait le plus, et qu'il a conservés les derniers et jusqu'à l'entier épuisement de ses forces.

Telle est une partie des choses vraies que nous aurions pu vous dire; mais ce que nous n'avons pas le droit d'exprimer de bouche, est présent à toutes nos pensées comme aux vôtres, et le nom de celui que vous revendiquez avec raison comme un glorieux compatriote, dont vous allez posséder les restes, restera uni dans vos souvenirs comme dans les nôtres, à nous qu'une longue possession d'années a fait, par adoption, aussi ses concitoyens.

Puis est venu le tour de M. Plonquet, d'Ay, qui s'est exprimé en ces termes :

Cher et bien vénéré maître,

Au nom de vos anciens élèves de l'Ecole de Médecine de Reims, je viens vous dire le dernier adieu d'ici bas, mais non l'éternel adieu !

Il y a trente ans, vous étiez dans toute la plénitude des forces physiques et dans la puissance des facultés intellectuelles. Vous avez su rendre profitables vos belles qualités à une génération de médecins dont le nombre est bien réduit aujourd'hui. C'est à peine si nous existons dans la proportion d'un sur quatre. Si vous-même vous subissez en ce moment le sort commun, les principes d'ordre et de discipline qui nuançaient votre enseignement et réglaient votre conduite à notre égard dans votre important service hospitalier survivent. Aucun de nous ne les a oubliés......

C'est ainsi que s'est accomplie, suivant les intentions formelles de M. Hannequin, cette cérémonie à laquelle plus d'un Rémois, plus d'un ami regretteront de n'avoir pu assister, soit à cause des communications peu directes, soit surtout pour n'avoir pu être prévenus en temps utile.

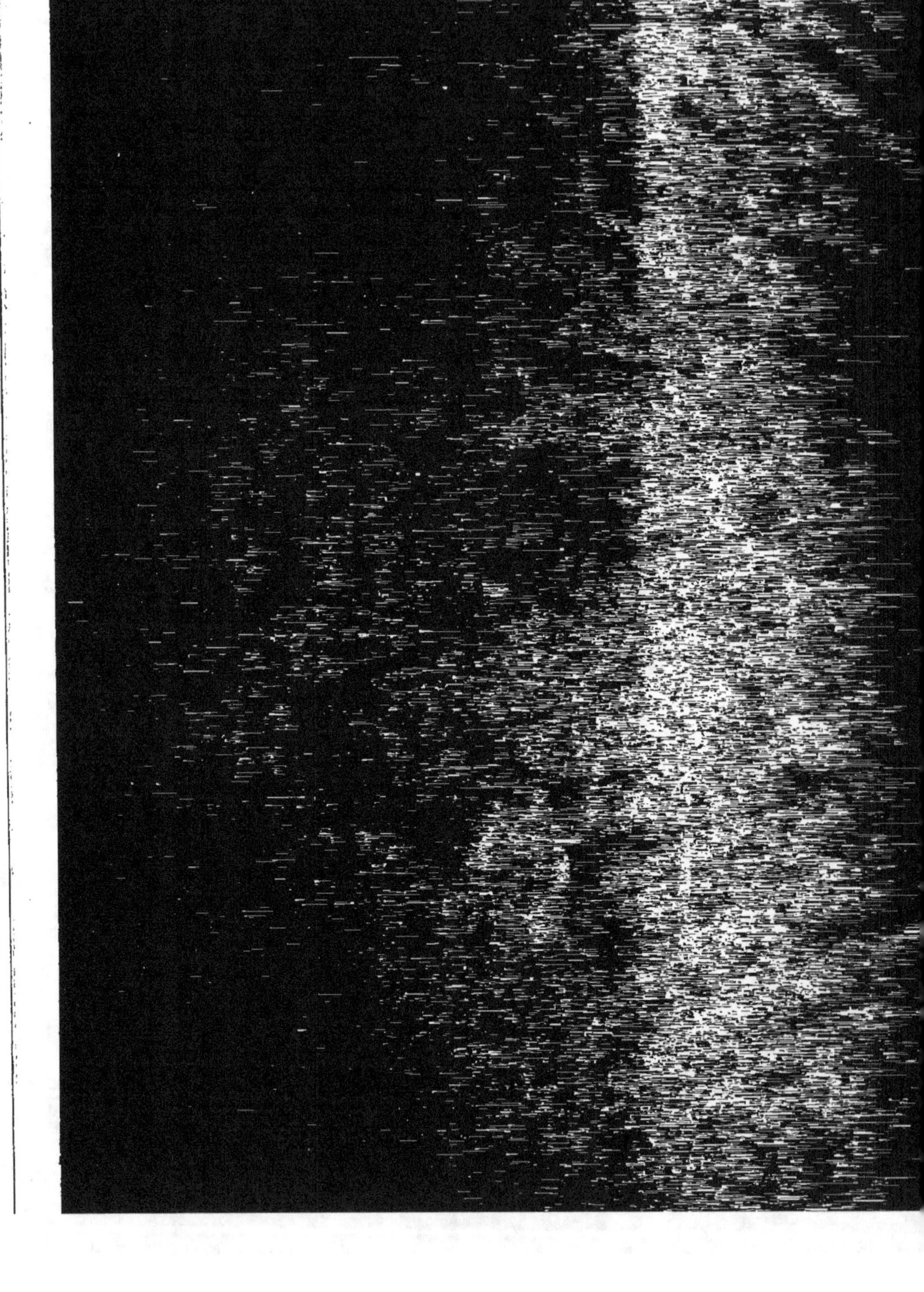

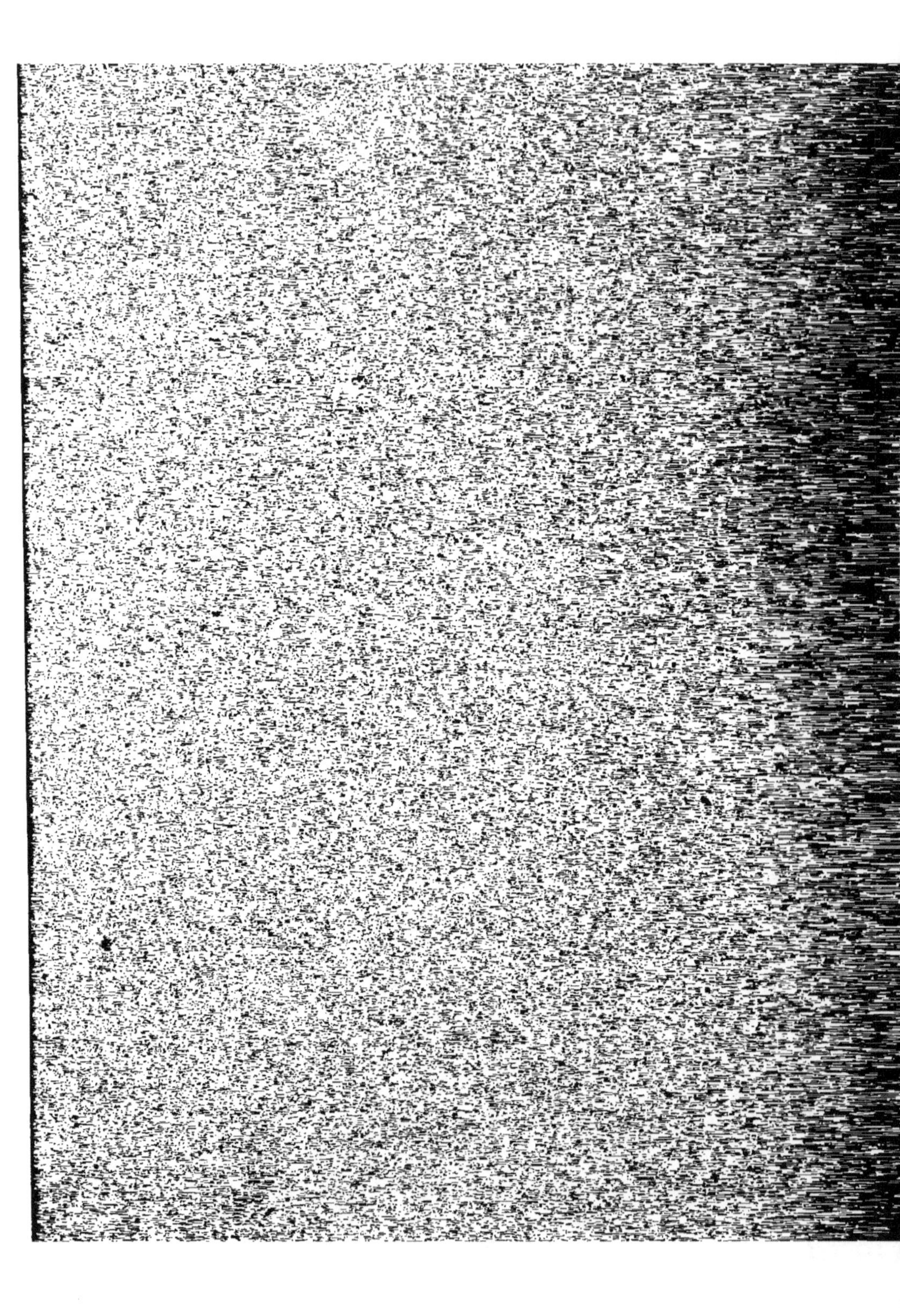

9 782011 906335